I0069545

CONGRÈS INTERNATIONAL

DES SOCIÉTÉS CHARITABLES DE SAINT-JEAN-FRANÇOIS-RÉGIS
ET DES COMITÉS DE MARIAGE DE LA SOCIÉTÉ DE SAINT-VINCENT-DE-PAUL

Réuni à Bruxelles, les 25 et 26 juillet 1897

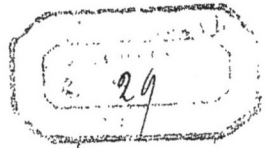

DES

LÉGITIMATIONS D'ENFANTS NATURELS

FAITES EN FRAUDE DE LA LOI

MÉMOIRE ADRESSÉ AU CONGRÈS

PAR

LÉON MERCIER

Ancien Magistrat à Roanne (Loire)

1° Texte du Mémoire, inséré in extenso dans
le compte rendu général;
2° Rapport présenté par M. BONNET, de Paris,
et Décision du Congrès.

ROANNE

IMPRIMERIE TYPOGRAPHIQUE M. SOUCHIER, RUE DE SULLY
—
1898

MÉMOIRE

.DES

LÉGITIMATIONS D'ENFANTS NATURELS

FAITES EN FRAUDE DE LA LOI

I

Dans un mémoire fort remarquable adressé, en octobre 1896, au Congrès de Reims, M. de Guiseuil, ancien juge au tribunal civil de Lons-le-Saulnier, a traité de la légitimation des enfants naturels. Ce jurisconsulte a justement blâmé un abus qui s'est introduit dans l'application de l'article 331 du Code civil, la légitimation mensongère de l'enfant naturel né d'un seul des époux. Il a fait un exposé rapide et néanmoins assez complet des tristes effets, des dangers même, de cette déplorable pratique, à tous les points de vue, et mis en lumière le caractère d'invraisem-

blance scandaleuse qui s'attache à certaines légitimations.
Enfin, il a proposé de remédier à ce mal par des modifications
législatives affectant deux articles de nos codes : l'article
75 du Code civil et l'article 345 du Code pénal.

Le Congrès, tout en déclarant être « en communauté
d'idées » avec l'auteur du mémoire, a formulé certaines
réserves relativement à la solution proposée.

La question des légitimations mensongères nous paraît
mériter au plus haut degré de fixer l'attention de l'œuvre
de Saint-François-Régis. S'il ne peut y avoir de considéra-
tions assez puissantes pour autoriser ou même excuser un
tel abus, il nous semble équitable d'examiner quels
sentiments guident ceux qui le commettent ; de voir si, à
certain point de vue, ces sentiments ne seraient pas louables
et conformes à la loi morale, et, dans l'affirmative, de
rechercher si l'on peut, dans quelque mesure, y donner
une satisfaction légitime.

Nous ne nous occuperons, bien entendu, que des enfants
naturels simples, et, parmi ces derniers, que des enfants
nés de la future épouse seule. C'est le cas ordinaire, et on
pourrait dire le seul, qui se présente dans la pratique. Il
ne saurait entrer dans nos vues d'envisager avec la moindre
faveur la combinaison, d'ailleurs peu vraisemblable, d'époux
qui imagineraient un accouchement fictif pour créer un état
civil nouveau à l'enfant naturel du mari.

II

Nous venons de le dire, l'unique hypothèse qui fait
l'objet de notre étude est celle d'un mariage contracté dans
les conditions suivantes : la future épouse est mère d'un

enfant naturel simple[1] dont le futur époux n'est pas le père.

Si, d'un commun accord, rien ne doit être changé à la situation de l'enfant, parce que l'époux le veut ainsi et que cette condition est acceptée ou subie par l'épouse, aucune question ne se pose, évidemment.

Mais si telle n'est pas la volonté bien arrêtée des futurs époux, qu'arrivera-t-il?

La mère naturelle, peut-être et souvent la concubine, va, malgré la faute commise, malgré le honteux état de vie qu'elle avait accepté, être élevée à la condition et recevoir le titre d'épouse. L'enfant, innocent des fautes commises, va-t-il, lui, rester dans la situation d'infériorité où l'a placé le vice de sa naissance et vivre déshonoré auprès d'un foyer auquel l'honneur a été rendu?

Le plus souvent il n'en sera pas ainsi sans que la mère élève les réclamations les plus vives, et, souvent aussi, elle trouvera disposé à condescendre à ses vues l'homme qui, par un libre choix, va faire d'elle la compagne de sa vie. Ce dernier a appris peut-être à connaître et à aimer l'enfant; il s'est attaché à lui. Il ne manquera pas de considérer en outre que, à quelque parti qu'on s'arrête au sujet de l'enfant, il sera, au moins moralement, chargé, comme sa mère, de pourvoir aux besoins de ce dernier. Par tous ces motifs, l'époux hésitera rarement à donner son nom à l'enfant en le reconnaissant comme sien.

Il nous est arrivé plusieurs fois d'entendre des clients de l'œuvre de Saint-François-Régis formuler leur pensée à ce sujet en une sorte d'axiome, dont nous respectons le texte, d'une énergie un peu brutale : « qui prend la mère

---

[1] Ou de plusieurs enfants naturels simples ; au point de vue qui est le nôtre, les deux espèces sont identiques.

prend l'enfant ». On trouve même des gens imbus de cette idée que *prendre l'enfant* est alors une véritable obligation légale.

Ces manifestations en quelque sorte spontanées de l'instinct populaire méritent, ce nous semble, d'être méditées.

L'embarras est grand pour un membre de l'œuvre de Saint-François-Régis, quand un projet de mariage se présente à lui dans de telles conditions, et cela arrive fréquemment. S'il s'abstient de donner des conseils, il semble approuver tacitement une pratique vicieuse ; s'il dissuade résolument les futurs époux de légitimer l'enfant, il se heurtera parfois à des résistances qui peuvent faire échouer le projet d'union, et ainsi il assumera peut-être, dans une certaine mesure, la responsabilité d'un état de concubinage qui va continuer.

Les pensées, les sentiments auxquels obéissent les auteurs de fausses légitimations sont-ils condamnables, comme la coupable pratique qu'on leur reproche ? Nous ne le pensons pas. On ne saurait blâmer une mère qui a le désir d'étendre à son enfant le bienfait de sa propre réhabilitation, ni un conjoint dont l'intention est, en somme, presque toujours louable, généreuse même. Et, quant à l'enfant, n'est-il pas rigoureux de l'exclure de toute participation à l'honneur, à la considération que le mariage va rendre à l'épouse, et cette heure solennelle ne serait-elle pas bien choisie pour relever ensemble, s'il se peut, devant la société, et la mère et l'enfant ? C'est bien, si nous ne nous trompons, de cet ordre d'idées que procèdent tant de légitimations abusives. Dans cet instinct, dont il nous paraît impossible de méconnaître la force, au sein des masses populaires surtout, ou plutôt dans la déviation qu'il entraîne, il convient, à notre avis, de ne pas confondre le but que les intéressés veulent atteindre et le procédé condamnable qu'ils mettent en œuvre pour y parvenir.

Si ces idées étaient acceptées, et que l'on pût, en complétant sur ce point la législation, mettre à la disposition des époux un moyen de réaliser une notable partie des avantages qu'ils demandent à la fraude, on arriverait, ce nous semble, sinon à remédier promptement et complètement à cet abus, du moins à en déshabituer peu à peu les populations, et à faciliter singulièrement les travaux charitables de ceux qui, en pareille occurrence, ont à donner aux déshérités de la fortune l'appui de leurs démarches et de judicieux conseils.

III

Le problème que nous venons d'indiquer nous paraît à la fois intéressant et délicat, mais nous ne le jugeons pas insoluble. Nous estimons d'ailleurs que c'est un devoir pour le législateur de se préoccuper d'un mal si grave, et d'examiner s'il n'est pas quelque moyen efficace de le réprimer ou au moins de l'atténuer, tout en donnant satisfaction aux intérêts que de telles unions mettent en jeu.

Il nous semble qu'on obtiendrait ce résultat en empruntant à l'adoption et à la tutelle officieuse certaines mesures de faveur, propres à rehausser et à améliorer la situation de l'enfant naturel simple que la mère aurait reconnu précédemment ou reconnaîtrait dans l'acte de mariage.

Il en résulterait une sorte d'adoption très simplifiée, qui ne saurait avoir qu'une analogie lointaine avec celle qui a été instituée par le Code civil, puisqu'elle ne pourrait revêtir la forme d'un contrat avec l'adopté. Elle serait constatée par une simple mention, insérée dans l'acte de mariage par l'officier de l'état civil, de la volonté des deux époux et d'une claire désignation de l'enfant.

Elle devrait d'ailleurs être interdite dans le cas où les époux, ou l'un d'eux, auraient un ou plusieurs enfants légitimes issus de précédents mariages. Cette réserve nous semble équitable et conforme à l'esprit de la loi (voir article 343 du Code civil).

On pourra nous objecter qu'une telle solution ne remédierait pas complètement à l'abus qu'il s'agit de déraciner. Nous pensons qu'on peut du moins atténuer cet abus et réaliser un bien sérieux, tout en demeurant respectueux de la loi morale. Nous croyons que plus d'un mari, pouvant notamment donner son nom à l'enfant naturel de celle qu'il épouse, sans s'attribuer une paternité à la foi fictive et peu honorable, préférerait, sans hésiter, cela à une légitimation fausse. L'innovation que nous avons en vue ne serait pas d'ailleurs un obstacle à l'étude et à l'application des moyens capables de réprimer l'abus signalé, si de tels moyens existent; et elle garderait dans tous les cas son efficacité propre, au point de vue des intérêts à sauvegarder.

Et, si l'on nous objecte qu'il s'agit d'une catégorie d'enfants que le Code civil a traités avec une défaveur marquée, nous répondrons que les vues du législateur se sont, depuis lors, considérablement modifiées. La loi du 25 mars 1896 a conféré à l'enfant naturel reconnu le titre *d'héritier*. Elle a très sensiblement élargi ses droits à la succession de ses père et mère; elle a créé même une réserve à son profit. Dans le même ordre d'idées, la jurisprudence, autrefois divisée, est maintenant unanime, on peut le dire, à déclarer valide l'adoption de l'enfant naturel par l'auteur qui l'a reconnu.

Il y a donc, soit dans la loi elle-même, soit dans l'interprétation qu'en font les tribunaux, des tendances nettement favorables aux enfants naturels.

On ne doit pas oublier que les fausses légitimations tendent à devenir de plus en plus fréquentes, surtout dans les classes populaires, à mesure que se multiplient les naissances d'enfants naturels ; que la plaie du concubinage grandit aussi dans des proportions effrayantes, et que l'on pourra d'autant mieux combattre ce fléau que l'institution du mariage sera enrichie de plus de bienfaits ; enfin qu'il s'agit de mesures dont l'acceptation resterait toujours facultative pour les époux.

IV

Pour l'application du système qui fait le sujet de cette étude, il suffirait d'ajouter quelques dispositions à l'article 331 du Code civil. Nous transcrivons ici ledit article, en le faisant suivre de paragraphes additionnels que nous soulignerons pour qu'on les distingue plus facilement du texte en vigueur.

Art. 331. — Les enfants nés hors mariage, autres que ceux nés d'un commerce incestueux ou adultérin, pourront être légitimés par le mariage subséquent de leurs père et mère, lorsque ceux-ci les auront légalement reconnus avant leur mariage ou qu'ils les reconnaîtront dans l'acte même de célébration.

Si les époux n'ont, ni l'un ni l'autre, aucun enfant légitime né de précédents mariages, tout enfant naturel né de la femme seule, autre que ceux nés d'un commerce incestueux ou adultérin, qu'elle aura légalement reconnu avant le mariage ou reconnaîtra dans l'acte

même de célébration, pourra être appelé à bénéficier des dispositions qui suivent :

Le mari pourra, du consentement exprès de sa femme, déclarer, au moment du mariage, qu'il entend donner son propre nom à l'enfant ; [1] *mention sera faite dans l'acte civil de mariage de cet accord des époux, qui aura pour effet :*

1° De donner à l'enfant sur les biens de sa mère les droits d'enfant légitime ; [2]

2° D'obliger le mari à le nourrir, élever et mettre en état de gagner sa vie ; [3]

3° D'autoriser le mari à lui conférer, si bon lui semble, l'adoption testamentaire prévue par l'article 366 du Code civil, sans autre condition que celle de ne pas laisser à son décès d'enfant légitime.

Ces dispositions pourraient être restreintes, étendues, remplacées même par d'autres toutes différentes. Nous n'avons assurément pas la prétention d'avoir indiqué le seul, ni même le meilleur remède à un mal dont nul ne peut méconnaître la gravité. Notre dessein a été surtout de mettre en relief cette idée, juste, à notre avis, que la légitimation mensongère, très condamnable en soi, révèle cependant en ceux qui y ont recours des sentiments légitimes, louables même, auxquels, autant que possible, il conviendrait de donner satisfaction, et nous estimons qu'il

---

[1] Voir l'article 347 du Code civil.

[2] Voir l'article 350 du Code civil ; — voir surtout l'article 908 du même Code, modifié par la loi du 25 mars 1896, et qui permet de porter par l'appoint d'un legs, jusqu'à une part d'enfant légitime le moins prenant, l'émolument attribué à l'enfant naturel reconnu se trouvant en concours avec des descendants légitimes.

[3] Voir les articles 349 et 364 du Code civil.

est urgent de le faire. On améliorerait ainsi la condition sociale et, sans doute aussi, la moralité d'une catégorie nombreuse d'êtres déclassés, victimes d'une faute qu'ils n'ont pas commise, et on apporterait à la famille, désorganisée en notre temps par tant d'influences néfastes, des éléments nouveaux qui pourraient être une force pour elle. Nous faisons des vœux pour que l'étude de cette question si intéressante soit faite avec persévérance, et nous nous estimerions heureux si les quelques pages qui précèdent suggéraient à d'autres la charitable pensée d'aborder et de résoudre ce grave problème.

Roanne, le 28 juin 1897.

Léon MERCIER,

Ancien Magistrat.

CONGRÈS INTERNATIONAL

Séance du Lundi matin 26 Juillet 1897

En l'absence de M. le Comte de Merode-Westerloo, empêché, la séance est présidée par M. G. Stinglhamber, Conseiller à la Cour d'appel de Bruxelles.

L'entrée du R. P. Tasker, qui, après avoir assisté à la cérémonie de la confirmation dans sa paroisse, s'est embarqué hier soir à Londres, est saluée de vigoureux applaudissements. Le R. P. Tasker est invité à prendre place au Bureau, à la droite du Président.

Le Rév. M. Lalieu, curé de Saint-Nicolas-en-Havré à Mons, et M. Collart, Conseiller à la Cour des Comptes, Président de la Société de Saint-Régis de Nivelles, assistent aussi à la séance.

M. le Curé des Minimes récite la prière, et M. Lardeur donne lecture du procès-verbal de l'assemblée de dimanche. Ce procès-verbal est adopté.

M. Malou, Vice-Président de la Fédération des Sociétés

de Saint-Régis de Belgique, veut bien remplacer comme Secrétaire M. Lafont, empêché.

Au début de la séance, M. le Président donne lecture du télégramme envoyé par le Roi à M. le Comte de Merode-Westerloo :

« Le Roi, extrêmement sensible au toast que vous lui
« avez porté hier à l'assemblée internationale des Sociétés
« de Saint-Régis, réunies pour fêter le soixantième
« anniversaire de la Société de Bruxelles, vous adresse ses
« vifs remerciements, et vous prie de remercier chaleu-
« reusement en son nom tous ceux dont vous avez été
« l'interprète.

« LE GÉNÉRAL AIDE-DE-CAMP DU ROI

DE SERVICE. »

(Applaudissements).

———

M. BONNET, de Paris, présente le rapport suivant sur deux mémoires ayant trait aux légitimations mensongères, et qui lui avaient été envoyés pour examen par le Bureau du Congrès :

M. MERCIER, ancien magistrat à Roanne, a été, je n'en suis pas étonné, impressionné par la lecture qu'il a faite, dans le compte-rendu du Congrès des œuvres de mariage réuni à Reims, du mémoire de M. de Guiseuil sur les fausses légitimations. C'est ce mémoire que je viens vous rappeler, en vous faisant connaître celui qui en est la continuation et que M. de Guiseuil nous présente à Bruxelles...

M. Mercier, en réfléchissant à la matière traitée dans ce mémoire, a considéré que l'homme qui se reconnaît le père, quoiqu'il ne le soit pas, de l'enfant naturel d'une femme qu'il épouse, commet un acte blâmable, mais obéit à des sentiments louables : celui de ne pas réhabiliter une femme en laissant dans une situation honteuse son enfant moins coupable qu'elle ; celui de donner son nom, pour le confondre ensuite avec ses autres enfants, à un petit être sur lequel il se trouve, par son mariage, moralement obligé de veiller.

M. Mercier, dans un mémoire qu'il nous a adressé, développe admirablement ces idées, rappelle ce que nous voyons journellement dans nos œuvres de mariage, évoque le sentiment de l'embarras dans lequel nous mettent quelquefois les questions de légitimation, et enfin écrit ceci :

« Si ces idées étaient acceptées et que l'on pût, en « complétant sur ce point la législation, mettre à la « disposition des époux un moyen de réaliser une notable « partie des avantages qu'ils demandent à la fraude, on « arriverait, ce nous semble, sinon à remédier promptement « et complètement à cet abus, du moins à en déshabituer « peu à peu les populations et à faciliter singulièrement « les travaux charitables de ceux qui, en pareille occurrence, « ont à donner aux déshérités de la fortune l'appui de « leurs démarches et de judicieux conseils. »

Ces lignes font prévoir que M. Mercier a trouvé le moyen dont il parle. Et, en effet, il en expose l'économie, d'une façon très claire et très persuasive, dans la suite de son mémoire, et il arrive ainsi à formuler une proposition d'ajouter à l'article 331 du Code civil ce que je vais vous lire :

« Si les époux n'ont, ni l'un ni l'autre, aucun enfant
« légitime né de précédents mariages, tout enfant naturel
« né de la femme seule, autre que ceux nés d'un com-
« merce incestueux ou adultérin, qu'elle aura légalement
« reconnu avant le mariage ou reconnaîtra dans l'acte
« même de célébration, pourra être appelé à bénéficier des
« dispositions qui suivent :

« Le mari pourra, du consentement exprès de la femme,
« déclarer, au moment du mariage, qu'il entend donner
« son propre nom à l'enfant [1] ; mention sera faite dans
« l'acte civil du mariage de cet accord des époux, qui aura
« pour effet :

« 1° De donner à l'enfant sur les biens de sa mère les
« droits d'enfant légitime ; [2]

« 2° D'obliger le mari à le nourrir, élever et mettre
« en état de gagner sa vie ; [3]

« 3° D'autoriser le mari à lui conférer, si bon lui sem-
« ble, l'adoption testamentaire prévue par l'article 366 du
« Code civil, sans autre condition que celle de ne pas
« laisser à son décès d'enfant légitime. »

Je tiens à vous lire aussi la réponse que fait M. Mercier à une objection qu'il prévoit :

---

[1] Voir l'article 347 du Code civil.

[2] Voir l'article 350 du Code civil. — Voir surtout l'article 908 du même Code, modifié par la loi du 25 mars 1896, et qui permet de porter par l'appoint d'un legs, jusqu'à une part d'enfant légitime le moins prenant, l'émolument attribué à l'enfant naturel reconnu se trouvant en concours avec des descendants légitimes.

[3] Voir les articles 349 et 364 du Code civil.

« On pourra nous objecter qu'une telle solution ne
« remédierait pas complètement à l'abus qu'il s'agit de
« déraciner. Nous pensons qu'on peut du moins atténuer
« cet abus et réaliser un bien sérieux, tout en demeurant
« respectueux de la loi morale. Nous croyons que plus
« d'un mari, pouvant notamment donner son nom à
« l'enfant naturel de celle qu'il épouse, sans s'attribuer
« une paternité à la fois fictive et peu honorable, préfére-
« rait sans hésiter cela à une légitimation fausse. »

Le mémoire de M. Mercier se termine par des consi-
dérations très élevées sur la constitution de la famille,
et par des vœux pour la continuation de l'étude des
questions qu'elle soulève.

Je crois, Messieurs, que nous devons être reconnais-
sants à M. Mercier de nous avoir communiqué ses idées,
et que chacun de nous fera bien de s'en souvenir, de
les mettre en regard des situations que lui révélera notre
œuvre, et d'asseoir ainsi à leur sujet son opinion. Person-
nellement je suis porté à croire que cette opinion sera
favorable, et que le projet de M. Mercier est bon puisqu'il
permet de respecter la vérité, et de constituer néanmoins
la famille aussi bien qu'elle peut l'être après des naissances
illégitimes.

Vous apprécierez si vous voulez mettre l'adoption de
la proposition de loi de M. Mercier au nombre des vœux
que vous avez à formuler. M. Mercier vous le demande
à peine. D'autre part, un vœu de ce genre n'excéderait-
il pas la compétence incontestable que nous avons en fait
de formalités requises pour le mariage, et ne nous amène-
rait-il pas à élever la voix sur une question de fond sur
laquelle on pourrait récuser notre autorité?

Enfin, n'y a-t-il pas à considérer que l'innovation de

M. Mercier a été imaginée en vue du régime légal actuel qui interdit la recherche de la paternité, et que, si ce régime était modifié, comme il en est question, il faudrait la modifier elle-même? Tels sont, suivant mon humble avis, les points sur lesquels vous avez à délibérer.

M. DE GUISEUIL, ancien juge et Président de la Société de Saint-François-Régis de Dôle, a envoyé à notre Congrès de Bruxelles un mémoire.....

————

Ce rapport semble réfléter exactement l'opinion de tous les membres de l'Assemblée; et, après une très courte discussion, les conclusions suivantes sont adoptées à l'unanimité :

LE CONGRÈS,

1° Considérant que la proposition de M. MERCIER répond d'une manière ingénieuse à la perplexité dans laquelle les Sociétés de mariage se trouvent souvent jetées par une situation délicate;

Qu'elle se recommande à l'attention et à la faveur du Congrès par la conciliation qu'elle amène entre le respect de la vérité et l'intérêt bien compris des enfants;

Mais, considérant que la situation dont il s'agit pourrait être modifiée par l'issue des propositions qui ont été faites au Parlement français sur la recherche de la paternité;

Considérant aussi que les Sociétés de Saint-Régis n'ont

pas, pour recommander de pareilles innovations aux pouvoirs publics, l'autorité morale qu'elles ont pour recommander des réformes relatives aux *formalités* du mariage;

Remercie M. Mercier de sa proposition, lui sera reconnaissant d'en continuer et d'en propager l'étude; cependant il ne croit pas pouvoir en faire l'objet d'un des vœux dont il compte chercher à obtenir l'adoption par les pouvoirs publics;

2º Considérant que la mesure proposée par M. DE GUISEUIL exigerait...

Ajourne jusqu'à nouvel ordre...

(Suivent au procès-verbal divers rapports.)

M. le Président rappelle que la discussion du vœu relatif à la Fédération internationale figure en tête de l'ordre du jour de la séance de l'après-midi.

La séance est levée à midi et demi, après la prière.

ROANNE. — IMPRIMERIE M. SOUCHIER, RUE DE SULLY

www.ingramcontent.com/pod-product-compliance
Lightning Source LLC
Chambersburg PA
CBHW050358210326
41520CB00020B/6367